CB124695

primeiro de abril

André Luiz Pinto

primeiro de abril
(1999-2001)

hedra

são paulo, 2004

Direitos autorais de Primeiro de abril, André Luiz Pinto, 2004

Capa
Gabriela Guenther
sobre gravura de *Fábio Sasseron*

Projeto gráfico e produção gráfica
Hedra

Revisão
do autor

Dados Internacionais de Catalogação na Publicação (CIP)
(Câmara Brasileira do Livro, SP, Brasil)

Pinto, André Luiz.
Primeiro de abril (1999-2001) / André Luiz Pinto.
— São Paulo: Hedra, 2004.

ISBN 85-87328-83-2

1. Poesia brasileira. I. Título.

04-1942 CDD - 869.91

Índices para catálogo sistemático:
1. Poesia: Literatura brasileira 869.91

[2004]
Direitos reservados em língua portuguesa
EDITORA HEDRA LTDA.
rua fradique coutinho, 1139 — subsolo
05416-011 São Paulo — SP — Brasil
telefone/fax: (11) 3097-8304
editora@hedra.com.br
www.hedra.com.br

Foi feito o depósito legal.

sumário

para Aline

Gente sem palavra, sem fé,
sem honra, sem verdade,
dúbia de coração e de língua,
e semelhante, como vos foi outrora
anunciado, a esse animal
anfíbio da fábula, que se mantém
em um estado ambíguo, entre o peixe
e o pássaro...

Blaise Pascal

i

E um certo mancebo o seguia, envolto
em um lençol sobre o corpo nu.
E lançaram-lhe a mão.
Mas ele, largando o lençol, fugiu nu.

Mar. 14 51-52

...embora lhes arrancassem da
sombra, casualmente se elegem;
logo seus rostos, solenemente
contra os mesmos sinais
ao sono que os acalenta: olhar
agudo, disfarçando bocas internas
como em cristais, abjeto
ao próprio ser; caso o contrário aconteça
e neles se restitua, prenhe de razão,
rosas pontiagulhas, através do qual sombra
e corpo se confundem, adquirindo
a nudez necessária para fugirmos em silêncio.

Borra de mundo, diriam os contrastes da roupa
não fosse o acorde de bênçãos
paulatinamente decalcam a manhã
complacentes
                    à beira do ato
tão próximos, nem prenhes
                                    anunciam o verão.
Que o desejo de enforcar,
                                    ó tamanha luta
entre paredes concisas
e o viés de cheiros idos
atravessam o saguão da memória
                                    repousa, qualquer estrebaria
sem a tez dos corpos, muito além dos portos
dureza de cascos pro ar
"aquele, ao menos, pede um conselho, arranca uma confissão"
mocotó das bestas. Primeiro dia de abril.

Pior se Deus apressasse um beijo,
                    viesse aqui como lembrança. Pior
se viesse do fundo uma outra verdade
submersa. Porém todos, como nós, abafam
os casos. Se fossem diferentes e no
lugar de arriscar, preferissem o pior, mó de uma nova
estrebaria, veio para rugas, greves,
congelamentos, autoramas.
Ainda, se reinventasse um dia de sol.
Deveria supor, não a mim, nem ao poema,
mas ao desejo tácito e fiel.
Ao menos um castigo; de pano
de fundo, uma guerra de tróia, meninas
choram, sete e oito anos. Ainda, por ciúme,
seria pouco, muito pouco querido para nos atrapalhar,
ferir-nos a memória, a calmaria da face.
Não poderia ser assim. Não deveria ser por menos,
senhoras tricotam mentiras de abonada
gente. Quem é joio, quem
é judas, por que te beijou, preciso saber. Naquele
lugar distante e faminto, naquela marionete
de pensamentos vãos, ainda persiste. Eis que primeiro
falece, nada não há, aquilo de que
tanto falei, por quem tanto pedi, finalmente – não chego.

ó noite,
ó greve
de estrondosas
serpes onde
os rostos
encharcam o coração
de perfume, surdo
silêncio
a rufar porta
afora, a
rogar seu gozo
de escória, a
doer inútil depois
da campainha. Devo
então, conforme
o cheiro, avivar
o nome,
prumo de vértebras,
de moças
aflitas, à míngua,
talvez de beijos.

ó lâmina
ao lavar tua boca
de sangue, de esganar
cruel, mas exangue
combustão de outro.
Ainda
ilumina, seja com
facas ou gravetos
o terror desses mesmos
espelhos racharem
depois que se olharem.
Nada, pois que o ser
rebenta, à beira
do ato, à beira
do que beira ainda
menino, secreto
abismo. Ranger
de alicates, tão
graves que avançam
se não expõem,
devora
negro, a vossa

tribo. Pasmo,
não mais que plasma,
sorris calmamente
o langor dessas
cores; amiúde,
o diabo acompanha,
sobreveio
a rugas, rastilho
de pólvora,
teu e meu
desespero rasgam
a manhã, a
camareira colhe
os cacos da dança:
sapatos, mais
do que íntimos,
fugazes, para além
de fugazes, sumidos.
ó canto, que me
deixas roxo, sabes
teu porte frouxo
assim que dormias.

como se das desavenças
restasse uma flor,
peremptório gancho
dessa face cruzando

alheia a sonhos e
diretrizes; se do peso
e da palavra bom-dia
rogasse um pranto

duro (...), daninho
queria dizer, decifrar
a tétrica cor de homem
manchando a camisa

colhendo as divisas
de uma dignidade
que nem conheceste
que não recebeste

e até soprara forte no
peito; sim, dessa flor
que desaba quarteirões
inteiros de rugas, natais

opressos sem mão,
afago de mão pelo
filho vindouro: mal
reveste a lacuna do medo

num muro ardente de cal.

12:20h – Agora é tão cedo que posso morrer. As galhardias
do corpo. O menos um. Peso a combustão mais
adiante. Não me nutro com tantos seqüestros.
Quero. Quereis um dia a solução desse impasse.
Nada lhe responde. Verdadeiros rompantes de
fúria, sombra, escarninho. Chorei como lembrança.
A noite foi azul como a dor dos passarinhos.
E se peço desculpas, justamente ficaria em
mim a dosagem seca desse encontro. Toda
lona, alinhada contra o espaço. Plantações
de maconha acompanham hortaliças. A velha
dama pede para ajustar os degraus. Enfermeiro
ontem, fumante amanhã. Não devo constranger
os visitantes desse caderno. Nem atrapalhar
aqueles que passam ao largo. Mas a noite (como ronca
a noite!) me entrega os motivos de discórdia.
Em situação de crime, aconselho a sorte. Saio
sua e sempre.

Um rosto eleva-se das águas,
nele atravesso sob o corpo do
atropelado, onde o tempo,
pontífice, desfia durante a manhã.
Aplaudimos os ramalhetes pelo chão
que pulverizam o acre de suas vestes
sobre um outro rosto, cafajeste e alheio
a quaisquer filosofias; contrário, distende
e refaz, obturando as cores pelo pensamento
da carne, lavrando tudo,
deserto e sombrio, no espaço mínimo do caderno.

1. Bem, que o desejo
não escape
à fúria desse espelho:

2. advém de parte alguma
como deus
decanta a memória,
condiz
à última sentença:

3. quando podemos
morrer?

4. Não parece lógico
se bem que a matéria
torne
arbítrio e santo
um lupanar

5. imediatamente novas
(as rosas)
cultivo no escuro

pequeno soneto que se tornou lembrança

Olhar um novo
resíduo – água –
se não lança,
relincha seu espaço

luz sobre o objeto
outro/ clarividência
dos corpos que
rosnam maior

sentido: exílio
quando esvazia
da imagem

à própria vista
entre redemoinhos
que fogem.

02. 05. 00

Pior, no plano
do cordeiro,
sabendo o homem
eis o lobo.

O cruel da carne,
acredite,
zero a zero
imenso o rosto.

Amadurece,
podendo advir
quando um bote
ave de rapina

e o que retorna
ao sabor das
mãos:
livre o medo
no intercâmbio
das coisas.

tróia

1. Incômodas
   flores
   guardam
   perfume,
            regresso
            de vida

   a vida:
   jaz
   sem testemunho.

2. Poucos
   a tocam

   depende
   daqueles
   que ingressam

   regressam

   à forma
   de um cavalo

3. Peleja fome.

Imenso o nome
caso
entorne
          pelo rosto.

Do contrário,
deprava:
o fel
não incita
mais.

Ensemble
de sombras:
estamos quites

(a lareira
comovente
de hotel).

Lindo lá
fora, a velha
suspira

envelhecer me
parece
tolice

estranha
essa entranha
que aflora

despe
pergaminhos
e afetos

lindo lá fora
com essa velha
por perto.

pisciano

Líquido sem ouro,
forma
e desfile
ventral

pequenas sereias
pedem
socorro
tanto no homem
quanto na alma

podasse o freio
no perigo;
dentro,
as escamas
negam.

Ouvi-los.
Fixa no tempo
a forma
remediando
        o branco.

Guardá-los.
Quantos forem os bocados
deixa na planura
um gesto,
mais parece socorro.

Ouvi-los
depois que o repetir
sob o acorde
de aranhas.

Um nexo
um corrimão avulso.

iii

Noite promíscua
e sábia, dela
extraímos o
próprio veneno

– sacerdotisa –
entre dois amores,
soturna fábrica.

Se chego morto
de manhã
ancoras fumaça
partindo de mim.

para josé, meu pai

primeiro de abril

Como se abrissem
os olhos (*flash* contra
retina), como se
visses além de tua
imagem e da minha,
corpos em estágio de
honra e putrefação
vão-se em vão depois
de tudo. Ainda te
lembras deste pesado
vulto a te deter no
retrovisor? Repulsa
ao pensamento?
Apenas eximiu,
releu o inútil livro
magro e capenga,
a última página,
dois, três poemas
e basta: engavetado
na memória sobre
vasos de terracota
com sua miopia; ele,
sonolento entre
lençóis, servindo
de testemunha
a ser dicionário
por ser perigoso.

Boca de vinho,
dois andares
em pleno fosso;
sim – escrever
tem suas cinzas –,
boca de veneno
nessa meia onde
se coa café, andar
de malas prontas,
coração agasalhado;
sobra-nos a virtude
de fugirmos ao empate
aplacando da memória
tais bênçãos sem oração.

anotações díspares como são díspares todas as anotações

mas como fugir dessa linguagem
impoluta, sufocada dia pós-dia,
intercedendo sobre tais minérios?
e como, arrisco-me por conhecer
nenhuma lei, alivia-se a boca sob a
estase dos ventos? mais se parecem
do que negam o verdadeiro valor
da conta, cântico dos quânticos, no
descortinado meio-dia; aliás, Sofia
engole a cidade, convenhamos que
Sofia é morta e nos atende por Antônio
Gonçalves Dias, nosso primeiro narciso.

Talvez essa imagem
grave do vazio,
suas lâminas de costura
detalham sombras,
definem-se luas,
firme ao destino
que segue; cada passo
estribilho de
ostra, precipícios
foram abertos,
restando-me
loquazes e suores,
jóia ou escarlate
a cada segundo.

Talvez possa dizer,
sem propriedade,
mantenho decerto
em primeira pessoa
frutas que jazem,
libélulas de tróia,
outros ímpares
da palavra verbo:
este calendário
de metáforas
decidindo os
lábios, as texturas,
os furacões a
imprimi-los. Apenas
isso me contempla
e distrai: essa
palavra meio
boca de mulher
que os torna
leves (espessos
por seus medos),
mínimo que consiste
sem estratégias.

primeiro rebenta
desemparelhado em sua
fúria; um problema
comum ao ministério
de todos, até mesmo em
suas abstrações: um
galho que venha romper;
posteriormente, no outro
dia, análogo ao anterior,
você o encontra naquela
posição inócua, promíscua
reposto ao ministério da árvore.
como agiria nesse beco?
justamente encerra os
olhos, ali, na hora de
encontrá-lo, com um
galho que pensou.

Substitui o fogo em sua fúria infalível
principalmente na comissão de gritos
onde emparelham tantos desastres
aos que fornecem notícias acerca
de uma honra não menos covarde
que célere, seu temperamento mordaz,
um gole de vinho suficiente para romper
os homens com seus jogos, sábia dama
descabelada, palmas para todos os gostos
entremeados com seu olhar assassino.
Um grito arde com tamanha luxúria
que amainar seria uma espécie de burrice.
Substitui curativos de lâmpada acesa
ante a torrente de sombras, paredão
de ossos moídos, pulsão que não explode.
Enfatiza toda vez que choramos, conforme
aplaudem espetáculo e a lua, enfadonha,
sorri eternamente no próximo solstício.

primeiro de abril

Que importa
sangrar do mesmo
destino,
berne ou raiz?
Do extraviado olhar
a essência me cai bem
desertor
Fico na escuta
Sem metáforas
de plantão
Um cão morde a isca
Agora é infalível.

iv

Olhai os atropelados da esquina.
Eles não colhem nem ceifam;
e ainda te achais melhor do que eles?
Viajemos profundo. O corpo carrega a alma,
que surdamente desfalece e o abandona.
Os atropelados da esquina irão para os hospitais.
Lá dormitam anjos de branco
e um suor amargo permeia toda gravidade.
Os atropelados são atendidos, porém há tantos.
Souza Aguiar, Salgado Filho, Miguel Couto.
Bendito sejas anjo de branco.
Bendito o vosso fruto que os repartem,
que me corta em fatias. Algumas sobrevivem,
outras estarão em vidros de formol e estudo.
Bendito sejas onde tudo é permitido.
Só o corpo não permite sua salvação,
e a vida se dá por um fio, por uma gota.
Da veia, exige todo transporte.
Teu fígado é corrosivo. Teu rim é ácido.
Há tendências de secura e afastamento.
Os atropelados da esquina sorriem
dormem diante um sono tranqüilo, sem atropelados.
Lá estarão melhor.
Os atropelados são homens, lírios.
Brotam no meio do asfalto
onde toda velocidade
retira-lhe as pétalas.

11. 94

primeiro de abril

Quase um corpo,
armadilha de seu
gesto impossível.

Se a boca revela
raríssimas flores,
o rosto conserva

o passível desejo na
fronha das nuvens,
nesse dia incomum

depois de tantos
crimes, notícias de
jornal, resumindo

com a boca imunda
os tempos de guerra
os dias felizes sem

você, café, qualquer
vício nessa cabeça
de homem, raposa.

Quando foste
- claríssimo não –
a bolsa da pálpebra
trincava geometria,

caíam lavas sobre
o velcro da pele,
braços de fórmica
enquanto amarias

e o que negavas
armavas plano
como um beijo
abjeto da retina.

primeiro de abril

Retinas cedo
à contraluz,
o dia, infenso
negro em sol,
raia sem deitar
as lembranças
o luar crescendo nos
móveis, o lamaçal
da cama;
pontífice,
encerremos; ainda
doses de canalha,
silente a rigor,
às costas, outro
poderia ser teu:
a tentativa do azar,
que vence.

Um morrer quase
igual: despetalam-se
plumas pelas bordas
do vestido; choram
como choram afoitos
açoitados de sol
a viúva infiel
pernoita o corpo
calendário de ritmos
um morrer infindo
baila derredor
sobre a geometria
da palavra morte
antes de morrer
este pouco ainda.

Enquanto rompes
névoas, várzeas,
sulcos dilatados
sobre o rosto;
exasperas mais além
o vazio do desejo,
como se abrisses
o braço estendendo
discreto tua mão
à meia dúzia de
habitantes e deles
não fosses nada
além de ti na mesma
várzea, aveludado
de corpo e auréola
entretanto mulher.
Secretas mil teu
socorro tímido
(o lapso cerrado
da pálpebra branca),
necessidade de
volta a fim de que
cada retorno, único
por cada hora brote
das flores sorrateiras
absortas no tumulto
trancafiadas tão céleres,
púberes, inteiras,
esganando a mais
nervosa das camélias.

Um vento lasso,
a flor restinga,
areia púrpura.

Chove mais do
que devia, chove
menos do que
chovia, quem

sabe chore mais.
A água pétrea
o largo raso
ao limite da baía,

onde passeiam
tuas meninas,
borboletas

singram ao sol.
Um vento fosco,
a língua casta;

ondas revoltas
trazem às almas
almas que foram
no mar de outra gente.

No mar talvez
a fome inglesa.

primeiro de abril

Serei apenas meu comandante nas horas vagas.
Fui de navio para uma ilha que não sei.
Estive em todos os lugares que fui,
só não estive no meu coração,
caixão vazio sem defunto,
eu ando pelos tombadilhos deste mundo,
freqüento com os ratos os porões.
Eu beijei e maltratei mil corações.
De uma vez só não dá.
São esses os degredados como eu,
deixam os sonhos naufragarem.
Eu não os deixo e abro a porta.
Se quer vir, venha agora.
Quem pensa sempre acaba desistindo;
é assim que faço meus amigos
– um por um, olá, tudo bem?
Faço de cada um e coleciono cem
e você sabe muito bem as minhas preferências...

p/ R. Russo

pósfacio

CASCA DE BANANA

por Eduardo Guerreiro

"Il prend conscience des étendues illimitées où se manifestent ses désirs, où le pour e le contre se réduisent sens cesse, où son obscurité ne le trahit pas. Il va, porté par ces images qui le revissent, qui lui laissent à peine le temps de souffler, sur le feu de ses doigts. C'est la plus belle des nuits, la nuit des éclairs: le lour, auprès d'elle, est la nuit"
Manifeste du surréalisme, André Breton

I. O TÍTULO

A primeira coisa que vem à cabeça de um leitor hoje é se vale à pena levar mais um novo livro a sério. Antes de mais nada, há sempre tal desconfiança em relação à própria poesia, em seguida, à poesia de um jovem autor e, finalmente, a um livro de poesia com uma linguagem obscura. Aviso aos navegantes: mesmo os grandes leitores de poesia, especialmente interessados, por serem poetas, críticos e simpatizantes terão dificuldade com esse livro (no caso desses, muitas vezes mais por preconceitos ou preferências estéticas estanques do que por acerto de juízo).

No entanto, o que procurarei fazer aqui é mostrar que tal dificuldade não decorre nem de descuido, nem de uma erudição isolada do mundo, nem de má vontade com o público, muito menos mais uma impostura entediante à la Duchamp; pelo contrário, essa obscuridade, de início pouco convidativa, oferece ao leitor a maravilhosa oportunidade de uma experiência muito singular com a poesia. Esse é o segundo livro de André Luiz, e sua recepção crítica tem sido indubitavelmente cada vez mais favorável e crescente, mesmo que ele não escolha o caminho mais fácil. Se o leitor se despir de expectativas e acatar nosso pedido de um pouco de boa vontade com a dispersão e fragmentação de sentido, tal disposição de abertura será muito bem recompensada. (Parece que estou propondo uma meditação zen budista a varejo, mas passemos adiante, digamos que até aqui eu esteja falando sério).

Comecemos pelo título: *Primeiro de abril.* Esse é o dia em que é permitido mentir, dia em que nada deve ser levado a sério. Desconfiamos logo que o autor está jogando com nossa própria relação de simultâneo desprezo pela poesia e crença idealizante em sua capacidade de dizer a verdade indizível das coisas. Pronto: é a partir daí que devemos procurar perceber o que André Luiz diz quando aparentemente diz *qualquer coisa.*

O que esse livro questiona, imergindo no próprio trabalho com a linguagem, é o apego dos poetas, suas várias escolas e tendências às formulas já estabelecidas do discurso poético. Mas sabemos que Rimbaud, Mallarmé e todas as vanguardas já fizeram isso. Elas subvertiam para desvelar, justamente, uma verdade ideal por trás de sua destruição, seja uma nova estética, uma nova ascese do artista, uma nova visão de mundo, que se pretendia imperativa.Não é o caso de André Luiz. O que ele propõe, segundo nossa hipótese, é uma espécie de existência absoluta da mentira, onde a mentira de desprende da verdade e, ao ver em tudo apenas o fragmentado, o acidental e o vão, marionetes falsas de uma falsa realidade, faz-nos sentir um gosto especial por tudo o que é "vão" ("naquela marionete/ de pensamentos vãos"), que acaba se tornando mesmo tudo o que *é*, escondendo e abafando a própria falta de verdade fundamental: "Pior /se viesse do fundo uma outra verdade/ submersa. Porém todos, como nós, abafam/os casos..." (I,3).

Num certo sentido, tal procedimento pode ser interpretado como uma assimilação do espírito de época pós-moderno (com a reciclagem infinita de toda e história, a aceitação e a equivalência de todas as formas e estéticas) através dos meios de violentação do sentido mais vanguardistas (o que seria totalmente anti-pós-modernista). Essa violência contra formas habituais de entendimento leva a especularmos sobre qual a relação da ilegibilidade com a mentira, e nos obriga a esclarecer o que é, afinal, a mentira da poesia liberada da relação dialética com a verdade.

II.IMPÉRIO DA MENTIRA

Para a mentira estar desligada da verdade ela precisa ser, em si mesma, desconhecida. O mistério dos vários místicos, inclusive dos surrealistas, é o de uma verdade inatingível e desconhecida, que pode ser experimentada, mas mantém sua impenetrabilidade. Para André Luiz, por inversão, a fórmula não muda muito, uma vez substituindo os termos: a mentira de André Luiz é inapresentável e impensável, mas é através dela que se dá um outro mundo do pensamento e pensamento do mundo. Ela não está num dito, numa só brincadeira ou ironia do *Primeiro de abril*: nós *habitamos* o mundo do primeiro de abril, um mundo em que não só todos os dias, mas tudo o que *é* e o que *se faz* é primeiro de abril, é mentira. É um mundo regido pela onipresença nua e sombria da mentira.

Não se sabe do que se está mentindo, sabe-se apenas que a mentira *existe* e condiciona tudo, está em todo lugar, em tudo o que se diz, mas nunca se saberá *qual* é a mentira. Não por que exista *uma* mentira. Sua existência não é a de um ente, não é ôntica, é ontológica. Conseqüentemente, ela cria um sentimento profundo de incompreensão, – contudo, não é uma ininteligibilidade fácil e qualquer, nem dadaísta muito menos surrealista – tal incompreensão é precisamente plasmada para que proporcione uma poderosa experiência da dúvida, não mais a dúvida filosófica, mas a dúvida poética que, ao contrário de Descartes, tem a coragem de duvidar inclusive de si mesma. O lugar da certeza, ao contrário, está somente na existência reticente da mentira.

Reformulemos: a mentira de André Luiz é desconhecida e onipresente, e só podemos ter certeza de sua existência nua e sombria, que ao mesmo tempo desnuda e obscurece tudo. Sua existência põe a existência de tudo o que é dito em dúvida. Não se trata só da mera dúvida do entendimento (da apreensão do fato), nem da razão (o certo e o errado) nem da consciência (real ou irreal): é a dúvida de todo o pensamento, é a certeza de que a totalidade estrutural do pensamento é uma mentira, ou melhor, *a* mentira traidora.

Para que a perigosa existência da mentira seja constatada e com isso nos tome integralmente é preciso fazer sua *experiência*, com uma poesia inerentemente irônica. A experiência de leitura da poesia de André Luiz é a do mistério irônico da mentira absoluta da lírica, da poesia, da literatura, da vida, da história, do mundo. Num mundo pós-moderno, a poesia não é a casa do ser e o lugar de eclosão da verdade originária, ela é a entrada na habitação de um mundo inabitável pela razão, inclusive a razão poética, o mundo do *Primeiro de abril.*

Em André Luiz, é a mentira reticente que é originária, e a poesia desafia o leitor à experiência do pensamento da mentira, traidora de tudo e de todos.

A citação de Marcos ajudará nossa hipótese. Depois de Judas dar o beijo da traição, prenderam Jesus e seus seguidores fugiram. Um jovem que o seguia só conseguiu fugir porque agarraram sua roupa mas não seu corpo, que correu nu. Essa nudez, como "rosas pontiagulhas, através do qual sombra/ e corpo se confundem, adquirindo/ a nudez necessária para fugirmos em silêncio" (I, 1), confunde sombra e corpo para fugir do entendimento e da realidade. Quando André Luiz assume um certo hermetismo, a "mensagem" (Hermes, deus mensageiro de Zeus) que já está passando é a de que não há disfarces de uma mensagem que poderia tomar uma forma mais clara, só há a nudez do mistério da mentira que se resguarda no silêncio. A escrita de André Luiz está nua, nua como toda sombra. Contra o "olhar agudo" dos que tentam arrancar a sombra, André Luiz se arma das "rosas pontiagulhas" das imagens, avessas às metáforas e outros truques, pois ferem a leitura com sua beleza difícil: acupuntura traiçoeira.

Mais adiante,"Pior se Deus apressasse um beijo,/ viesse aqui como lembrança" (I, 3) o próprio Deus toma o lugar de Judas. Nesse caso, não é Jesus o Filho, e sim Judas, ou o Pai trai o próprio Filho. Esse é o eterno demônio de Descartes, nunca exorcizado, mas transformado numa versão teológica muito aparentada ao que tradicionalmente se chama gnosticismo, embora mais radical. Não adianta inventar, com artifícios interpretativos, sustentáculos para o sentido: "Ainda, se reinventasse um dia de sol.", pois a mentira diabólica – senhora do destino, senhora das próprias Moiras, se formos interpretar esse trecho "senhoras tricotam mentiras de abonada/ gente" – põe em dúvida tudo e o próprio *nada*, "nada não há", não permitindo a ninguém desvendar seu próprio mistério, ou tirar a sombra de sua própria nudez.

De fato, se há "hermetismo" em André Luiz, não há o fechamento de um sentido a ser destrancado. O livro não é fechado, pelo contrário, não podia estar mais aberto ("Eu não os deixo e abro a porta" IV, 8), já que começa e termina com reticências (o que lembra, entre outros autores, os seis travessões de *A paixão segundo G.H.* de Clarice Lispector, ou o "sim" de *A hora da estrela*), abrindo a imaginação interpretativa do leitor para o que quer que venha antes, depois e inclusive *entre*, como se constata no verso "duro (...), daninho". Neste mundo de imagens incertas e meias palavras, tudo está entre reticências sem que elas precisem se manifestar ("precipícios/ foram abertos" III, 5), ao contrário da insistência de um Céline, por exemplo, em multiplicá-las.

Essa abertura, contudo, não é absoluta, nem caótica: um dos elementos que mais dá forma e fôrma aos poemas e à escrita obscura é a estruturação estrófica, dando predileção à estética da concisão. Cada poema possui uma configuração muito própria e diferente dos outros, mas todos mantêm, em cada estrofe, a mesma proposta. É possível levantar parentescos sintagmáticos e paradigmáticos entre essas estruturas. Se o livro inicia com três poemas de versos longos, em seguida há uma série de versos bem curtos, de uma ou duas palavras cada. Depois, um define uma hora precisa (12:20), quebra essa série e retorna à extensão dos versos.

Na segunda parte, o primeiro possui a enumeração das estrofes (dando a sensação de um desejo de ordem diante do problema da posição da morte no tempo: "3. Quando podemos morrer?"), assim como o quarto; o segundo avisa no título se tratar de um soneto, alguns mostram a data em que foram escritos, e outros, como o segundo da quarta parte, exibe seis tercetos, e o terceiro, três quartetos, etc.

Além disso, os poemas, no final das contas, se prestam a interpretações sempre incertas, a aproximações mais ou menos temáticas, e mais ainda, recorrências reconhecíveis, jogos de espelhos ("o terror desses mesmos/ espelhos racharem/ depois que se olharem." I, 5): é aí que podemos ensaiar um panorama de sua coerência.

III. CACOS DE ESPELHAMENTO

Há quatro partes. A primeira inicia-se com as epígrafes e os três primeiros poemas que expõem a proposta desta poética. O primeiro se refere à citação de Marcos, desvelando a nudez sombria dos poemas diante do leitor. O segundo reflete a idéia do início do livro e o processo de sua leitura com a imagem da manhã de verão (espaços em branco conotam o vazio a ser preenchido), sendo o último verso aquele que anuncia o título mas lhe acrescenta a palavra "dia", relacionando o título com os primeiros poemas, sugerindo a idéia de um "amanhecer" do livro.

O terceiro aborda a traição de Deus e os seguintes parecem discorrer sobre a desilusão do amor e de suas formas de traição (temática literária e religiosa bem tradicional), dando continuidade a essa temática no plano erótico, sem deixar de apontar a lembrança do passado como esperança frustrada. Em todos, percebe-se logo a onipresença da imagem da flor e seus derivados (tipos de flores como "hortaliças", "rosas", ou parentescos vegetais, plantação de maconha, "daninho", etc.), evidenciando o diálogo com seu primeiro livro, *Flor à margem*, e com toda a tradição baudelairiana da poesia da modernidade que desfigura a imaculada beleza sublime e a se rebaixa aos subterrâneos da sujeira sem por isso perder o fascínio pelo próprio abjeto sublime em sua capacidade de romper com a toda imagem de identidade, "abjeto/ ao próprio ser".

Na segunda parte, o primeiro poema mantém o nexo com o erotismo na entrada do desejo e da matéria em conflito com a lógica, que se modifica em si mesma para aceitar as contradições da morte. Essa angústia introduz a generalização da guerra na atualidade e em toda história, "sabendo o homem/ eis o lobo" (II, 3), lembrando a princípio hobbesiano do homem ser lobo do homem. Há uma aproximação do homem com o animal em sua luta pelo poder em todos os lugares e situações. Abundam referências à bíblia ("no plano do/ cordeiro") e à mitologia grega ("tróia"), jogando com as duas tradições ocidentais, embora eu insista que a presença de uma leitura peculiar do cristianismo é mais profunda e freqüente. A velha do sexto poema mistura a crueldade do tempo e uma certa ironia juvenil. Fica patente que a ironia é uma das chaves fundamentais para captar o tipo de enunciação poética de André Luiz. Dando continuidade ao diálogo com as tradições e simbologias, o "pisciano" reflete sobre o signo do autor, como se o jogo de ilusões da mentira servisse para melhor expressar as angústias e a negatividade constitutiva deste texto: "dentro/ as escamas/ negam".

A terceira parte enfatiza mais a autoreflexividade de sua poesia, que retira com a boca o veneno do vinho maldito (o que remete ao sangue do Filho para assumir a traição da tradição), necessário para temperar a força da poesia, de suas sombras noturnas. Aqui descobrimos o quanto André Luiz trabalha na noite da linguagem (mesmo quando se fala de dia, é "o dia, infenso/ negro em sol" IV, 4), que precisa enfrentar a morte vã do corpo e sua carne passageira,

> corpos em estágio de
> honra e putrefação
> vão-se em vão depois
> de tudo. (III, 2)

para assumir o papel do poeta no sentido mais arcaico, aquele que rememora, de cor, os feitos passados, envenenando sua palavra de testemunha (não da verdade, mas da visão noturna da mentira absoluta) com as palavras do léxico:

> servindo
> de testemunha
> a ser dicionário
> por ser perigoso.

Neste ambiente noturno (no "dia pós-dia" III, 4), o poeta ilegível foge da linguagem imaculada e pura, destrói a necessidade de uma lei estilística, mesmo que bem flexível e rarefeita, que em todas as épocas da literatura se elegem, inclusive na nossa, para filtrar a produção poética e definir o que é e não é boa poesia. Não há mais sabedoria, nem técnica nem de outra ordem, nem na poesia nem no pensamento. Quando aparecem imagens de "minérios" e "jóias", ao contrário da tradição parnasiana, atribui-se tudo o que é precioso como *resto*, acidente. A própria virtude é um resto: "sobra-nos a virtude..." (III, 3), e a essência é *vestida e vertida* como uma roupa, enfim, é inessencial "a essência me cai bem" (III, 9), ou ainda: "Serei apenas meu comandante nas horas vagas" (IV, 8). Isso significa que ela possui um uso contextual, provisório, e nunca definitivo, nem sequer estratégico.

Sabemos que esse paradoxo não se resolve: o poeta acaba criando seu próprio modelo de escritura, e a dificuldade está em não se deixar dominar nem se fascinar pelas jóias encontradas. Se a maior jóia do livro é a própria mentira, trata-se de uma jóia mentirosa, "falsa", cujo brilho é desconhecido e invisível; entretanto, por isso mesmo é preciosa, como uma nudez sombria.

O único poema que possui algum fio narrativo e inteligível é o sétimo, que, mesmo assim, é fantástico: um galho que veio a romper de uma árvore posteriormente retornou em seu lugar. Mas essa estranha clareza é aparente: serve logo para deflagrar relações com o pensamento, a imaginação e a memória, faculdades todas cindidas, "desaparelhadas", diante da "fúria" do absurdo. Vale destacar os enjambements que "quebram" sintagmas elementares, "um/ galho", "outro/ dia", etc.

A quarta e última parte começa com o poema mais antigo do livro (11. 94), voluntariamente assinalado, que reflete sobre os atropelados do Rio de Janeiro, vítimas da traição do destino mas também do atendimento hospitalar, que espelham nossa trágica falta de salvação social, política existencial e religiosa. Neste poema se entende melhor a íntima ligação entre a flor, a vida e a existência trágica:

> Os atropelados são homens, lírios.
> Brotam no meio do asfalto
> onde toda velocidade
> retira-lhe as pétalas. (IV, 1)

Trata-se de uma bela abertura para a série seguinte que acentua a morte, os "crimes", dentro do espaço metropolitano, a distância entre os habitantes da cidade "o braço estendendo/ discreto tua mão/ à meia dúzia de/ habitantes" (IV, 6), e o olhar frente à violência do dia. Mantém-se o teor de hostilidade em tudo. O sétimo poema parece levantar a necessidade de uma purgação pela água, (chuva, choro e mar), deixando momentos mais meigos, "onde passeiam/ tuas meninas/ borboletas" para terminar com a indefectível ironia da obscuridade:

"no mar talvez/ a fome inglesa".

O último poema, finalmente, reforça o desconhecimento geral de tudo o que se passou no mesmo ambiente marítimo do poema anterior, como se fosse o naufrágio do livro diante de seu fim. A ironia das frases absurdas dá seus últimos recados, "Faço de cada um e coleciono cem", e nos comprovam que toda a leitura crítica desse prefácio pode não passar de um grande embuste, talvez a maior traição ao próprio livro, por participar do livro, e evidencia a amigável relação entre poesia e crítica, feita de deliciosas e venenosas traições recíprocas.

O livro todo aborda a onipresença nua da mentira no campo erótico, existencial, religioso, político, cotidiano e imaginário, ensinando-nos as mais variáveis traições que são cometidas nesses espaços, que corroboram a traição do pensamento e da própria linguagem. A ironia é soberana nesse mundo menos por opção do que pela sua inevitabilidade – uma ironia trágica – e que pode muito bem ter comprometido este prefácio.

André Luiz é capaz de pregar tantas peças que, *sem dúvida*, eu fui o primeiro a cair no primeiro de abril, deixando ao leitor uma falsa esperança de compreensão, algo como um "caixão vazio sem defunto".

Eduardo Guerreiro, 2 de agosto de 2003

notas

1. Os poemas "Borra de mundo" (I,2), "12:20h" (I,7) e "Talvez essa imagem" (III,5) foram publicados pela revista *Cacto*, nº 1, agosto 2002. Além disso, o segundo poema também fora publicado pela *Poesia para todos*, nº 1, abril 2000.
2. Os poemas "...embora lhes arrancassem da sombra" (I,1), "Noite promíscua" (III,1) e "Bem, que o desejo" (II,1) foram publicados pelo jornal *Rascunho*, nº 34, fevereiro de 2003.
3. O poema "primeiro rebenta" (III,6) foi publicado pela coleção Sexta feira n.5 tempo, editora Hedra, organização Heitor Ferraz, 2000.
4. O poema "como se abrissem os olhos" (III,2) foi publicado pela revista *Babel*, nº 5 – janeiro a dezembro de 2002.

Sobre o Autor

André Luiz Pinto nasceu no Rio de Janeiro, Vila Isabel, em 19 de março de 1975. Formou-se em Enfermagem e Obstetrícia pela Universidade do Rio de Janeiro (Uni-Rio) exercendo essa profissão até 1997. Atualmente cursa o sexto período da faculdade de Filosofia pela UERJ, como bolsista de extensão no projeto "Fenomenologia, Personalismo e Hermenêutica" da Professora Cléa Góis e Silva. Trabalha como professor de cursos técnicos de Enfermagem e de extensão em Fenomenologia. Editor, com Eduardo Guerreiro, Edison Veoca, e outros, da revista de literatura *.doc*. Casado com Aline Póvoa.

Livros publicados

Flor à margem, Rio de Janeiro: edição particular, 1999.
Um brinco de cetim/Un pediente de satén, Caxias do Sul: Maneco, 2003. Edição bilíngue, tradução de Lorenzo Pellegrín.

Agradecimentos

Alberto Pucheu
Alex Barbosa
Antonio Cícero
Armando Freitas Filho
Cléa Góis
Donizete Galvão
Edison Veoca
Eduardo Guerreiro
Francisco Bosco
Léo O.
Marcelo Diniz
Mauro Faccioni Filho
Nonato Gurgel
Rafael Bittencourt
Rafael Blanco
Ronald Polito
Serginho Carline
Túlio Villaça
Waly Salomão

#POE10519
Primeiro de abril

Adverte-se aos curiosos que se imprimiu
Primeiro de abril,
composto em AGaramond de corpo onze,
aos doze de maio do ano de dois mil e quatro,
nas oficinas da gráfica Vida e Consciência, na cidade de São Paulo,
com tiragem de mil exemplares.